Poesia Original

CAMINHOS DE ARGILA

Caminhos de argila

MÁRCIO AHIMSA

Poemas

1ª edição, São Paulo, 2022

LARANJA ● ORIGINAL

Dedico este livro, um caminho ainda em movimento e que traz à tona certas memórias, à minha avó Clemência e aos meus avós Cecília e José Alves, que marcaram minha infância com os mais deliciosos aromas. Dedico também à minha filha Manuela, que me transformou em pai, e à minha filha Joana, minha pequena que todos os dias me realiza no mais puro amor. Por fim, dedico à minha companheira Amanda, que me ensina todos os dias, com sua juventude e cumplicidade, que sempre temos de nos entregar e que o amor, para além das paixões, é uma construção na convivência e no respeito ao outro.

Perto da minha casa um rio
seguia rumoroso e pobre,
mas sempre havia quem buscasse
um seixo, um peixe, uma lembrança.

(Primeira estrofe de *"Mesopotâmia"*,
poema de Alberto da Cunha Melo)

Prefácio

L. S. Bandeira

A poesia contida nesse novo livro do poeta Márcio talvez nem agrade tanto aos leitores. Não se trata de uma poesia épica ou altissonante, nela é raríssimo o tom maior. Nela predomina um tom lírico contido e comedido, sem o forte espontaneísmo altissonante que me parece uma grande marca da poesia contemporânea e que chega mesmo a lembrar uma vertente da poética de Castro Alves.

Quando aponto essa distinção entre a poesia de Márcio e de boa parte da poesia atual, não o faço como julgamento de valor, mas apenas para mostrar que a poesia como qualquer outra arte pode adaptar-se a novos tempos ou até mesmo a novos meios, no sentido de mídia mesmo. Mas jamais morrer como desejam tanto os apocalípticos ou os reducionistas da tal arte de mercado.

É sintomática a mudança que ocorre hoje na poesia. Sintomática devido à necessidade de resistência de uma arte que enfrenta assimilações e alienações da cultura de mercado. Ela parece estar passando da escrita e, consequentemente, da leitura silenciosa para a oralidade. Daí a leitura presencial e performática dos atuais saraus. Esse panorama nos remete à origem da poesia que começa com as famosas cantigas, ou seja, letras com suportes sonoros ou vice-versa.

Se lida num sarau, talvez essa poesia do Márcio perca uma pouco de sua natureza serena e até mesmo um pouco intimista. Não se trata de uma poesia que apresente rupturas, mas, ao contrário que se inscreve na tradição de uma poética serena. Poética de registro de pequenos feitos e fatos do cotidiano com raros momentos de perceptíssimo, como se lê no poema Minha Escola "Se desprender/ de mágoas/ é o primeiro passo/ para ser feliz".

Estamos, portanto, diante de poemas que se quadram melhor para a leitura silenciosa, ou de câmara (pequenos saraus). Poesia de tons serenos, mediais e memoriais. Poesia equilibrada entre composições e inspirações. Poesia que apresenta indícios de sua tradição, alguns até mesmo explicitamente como Milton Nascimento, Ferreira Gullar e Garcia Lorca; outros através de índices implícitos, mas perceptíveis, como Drummond, Bandeira, Neruda, Alberto da Cunha Melo, Caetano Veloso etc.

É uma poesia sensível. Sensível no sentido de captar e ler as coisas através dos sentidos. Por exemplo: é plena a evocação das cores e das fragrâncias do mundo infantil. Essa sensibilidade lê e celebra a vida e o amor. Vida que é vista como algo real, como podemos ler no poema Café da Manhã: "Nenhum homem é livre./ Prende-o essas âncoras/ de ontem e de hoje/ o cipó e o bonde. E o amor como algo realizável, factível como se lê em Do amor que eu sinto: "meu coração se farta no alimento de amar você".

Poesia de imagens e tonalidades recorrentes e que são próprias do poeta Márcio. Imagens e evocações da infância como essas encontradas em A Pedra e o Martelo: "... menino/ empunhando sua infância/ para escrever os dias/ no rascunho de sua prosa."

Há mesmo alguns poemas, poucos, em versos octossilábicos rimados em ABBA ou ABAB.

Márcio: poeta do dia e não da noite. Poeta que reafirma o compromisso do homem com o seu tempo e seu espaço. Espaços que se tornam cômodos, portas, janelas e ruas. Tempos pretéritos, presentes e futuros como se pode ler no belo poema Alzheimer.

São Paulo, maio de 2022

Caderno de brochura

MINHA ESCOLA

O meu princípio, o poema
é um endireitar-me em fila
aguardando erguer as mãos
após chamar-me à vida
meu nome em estrondo no pátio
a revelar a intimidade
onde ainda acanho vermelho
meu tato com as palavras
Foi coberto em suas paredes
que me furtei de brincar
a cláusula de uma infância
para revelar-me sonho
imagino mais que vivo
as palavras diluídas
o papel branco manchado
com as cores que fabrico
suas mesas azuis, cadeiras
meu braço posto, incólume
um alecrim nasceu dourado
no campo da minha poesia
e semeia tudo, silêncios
sem rima, sobre a rua tímida
caminha, feliz, convicto
um aluno dentro da escola
e revelo-me sem o limo
dos dias, limpo nessas páginas
onde arranco-me volátil
imbuído em prosa e versos

DESSA INFÂNCIA

Dessa infância de chão que fiz
com o barro ornado em betume
nas paredes de minha casa
guardo mais que amarelas páginas
ou fotografias oxidando
guardo o louro dos dias azuis
e andorinhas riscando o céu
e um balão feito de papel
dessa infância de arvoredo
e acordar na crista do galo
guardo-me grão ensimesmado
e trago-me à tona da vida

PARA SER FELIZ

Ninguém escolhe
a dor de um espinho
nenhuma ternura
suporta o bruto peso
de uma avalanche
o beijo leve
de um colibri
não fere a flor
não há amor
em quem desmancha
o sorriso de outro
nem na intolerância
se desprender
de mágoas
é o primeiro passo
para ser feliz

A PEDRA E O MARTELO

Em sua materialidade dura
se esmigalha a pedra
pelo toque seco e abrupto
de um martelo fundido no aço,
seu relevo liso em contraste
com a casca pedregosa
e num istmo, entre as duas coisas,
como pétala de rosa,
as mãos de um menino
empunhando sua infância
para escrever os dias
no rascunho de sua prosa.

CARRO E CÉU

Quando criança coisa alguma
se modifica - como os anjos,
um estar sempre azul no céu
ao som de trombetas de bronze

e um rio sem tamanho corta
aos rudes paralelepípedos,
a margem do fim e do meio
e homens sem dentes brancos

como não houvesse verão
nem arrebol cortando inútil
o olhar, ora feito brinquedo,
ora procura pelo silêncio.

Ser grande é qualquer coisa triste,
desespero em que toda flor
parece rude, talvez gris
e nada salva ou nos arranca

desse cânion indissolúvel.
E uma gota de bile inventa
o elixir da eterna bonança:
cavalos deixam de girar.

AO DIA

Pela janela do agora
eis o candeeiro aceso iluminando
o horizonte e o nada.
Pela janela escapa a fragrância,
a tampa esquecida, a vida estampada,
a ânsia de escapulir
aos olhos dos homens
e fazer viagem aos ventos...
Nessas frestas o que interessa
é o caos, o amor súbito...
Interessa interestelar
abrigo – escombros
de uma paisagem morta.
A serpente precede o rastejo
que recomenda Deus
em suas presas
para aliviar sua falta de fé,
de proteção.
Pela janela os dias acabam
e são portas trancadas,
um vácuo de existir
ao ermo de caminhar.

MEDO

Medo de morrer cedo
com sede e fome
medo de dormir Fredo
e acordar sem nome
medo desse arremedo
dessa síndrome
sincopada no dedo
dessa febre que me consome
da fé que não credo
medo de quem não come

No ninho

DO AMOR QUE EU SINTO

Há distâncias que a lacuna
desse tempo não preenche
uma ruga no rosto, simples
como um risco no espelho
a denunciar que está gasto
ha um espaço no peito
profundo, que cabe mais estrelas que epifanias
que se quebra como cacos
e se junta indelével
para se extraviar do limo
do tempo e se reveste
de um bálsamo para não
se fazer tão distante
tão apertado que não
caiba desígnios de um
amar
há menos distância entre nós
que simples movimentos de translação
ou invernos e verões
antagônicos entre si
mas perfeitos em se completar como o calor de meu corpo a
                                        [aquecer o seu
quando numa junção de nós
a maior distância está dentro de mim
na minha covardia
no meu medo de amar você
mais que eu possa suportar
e fenecer como grão

que um dia desejou
cobrir as areias de um deserto
o amor está em mim mais que o perfume na alfazema
mais que o sorriso na criança
mais que o sol na manhã
que irradia pássaros
e o dormitar das plantas
no entardecer
mil anos passarão e, ainda que eu morra mil vezes, mil vezes
                                    [nascerei para lembrar
que eu amo você
o tempo ainda não terminou
o vento ainda lambe as folhas de uma palmeira
a chuva ainda lava as dores de uma rua
o sol ainda decompõe a luz em cores do arco-íris
e, ainda que meu corpo não se alimente do seu todos os dias,
                                    [meu coração
se farta no alimento de amar você.

CAFÉ DA MANHÃ

Nenhum homem é livre.
Prende-o essas âncoras
de ontem e de hoje,
o cipó e o bonde.
Nenhum homem é livre.
Prende-o os esboços
inofensivos – os preâmbulos
escondidos nos caminhos
de não se sabe onde.
Nenhum homem é livre.
Antes as amarras do olvido,
as tristes marcas
de um entardecer.
Nenhum homem é livre.
O amor, a rosa, o espinho,
lavoro antes do ninho
são nós que o mantém alerta
pelos badalos de um sino.

PARA NÃO ESQUECER

Carrego no meu corpo
a fotografia do seu
revelada na essência
que me deixou de ontem
eu sinto seus aromas
seu batom grudado
no frisson de meus lábios
seu olhar pedindo mais
recebo todos os dias
um calendário novo
cabendo amanhã
a síntese de dois
sem que em nós doa depois
uma saudade, um frio
de doar no coração
expiação e desamor
eu quero meu futuro
nosso sonho de vida
amanhecer sorrindo
o cansaço de uma noite
quero sim pertencer
ao brilho de seu olhar
tomar rota, caminho
e me sentir feliz
carrego você azul
amarelo, lilás
numa linda tulipa
onde cor é: eu te amo

HOJE

Hoje é muito tarde. Inexiste.
Dura um intervalo, um segundo.
É uma porta aberta para o mundo
na centelha de um olhar triste.

Qual fosse um símbolo sagrado
em que, na algibeira da hora,
se guarda no olhar da senhora,
um pasto na boca do gado,

um muro vil, pétreo tijolo
esfarelando na fronteira,
os corpos da segunda-feira.
Um sono esquecido no solo.

Hoje tem a duração curta
de um segundo - Jaz indelével
à presença infinda, revel
ordem em que essa vida surta.

Antes que, súbito, adormeça
na sombra em que ontem se atenua,
o aço, a carne, a alvorada nua
antecipada na cabeça.

EXÍLIO

Há alguma espera nessa parte
feita de coração partido.
E o que se guarda em talabarte,
distante, um adeus, um vagido.

Fosse o que fosse – tiro livre,
as penas brancas sob o chão,
não há lágrima que se prive
do desejo de um amor? Não.

Longe, bem longe caminha fértil
com os pés líquidos no barro,
com uma saudade de réptil,
algum menino com catarro

esperando que haja um futuro.
Alheio, sob os muros de Creta,
à espreita de um mundo puro,
atravessando a luz violeta:

viagem, o rumo livre e certo
para que inaugure um exílio
quarando o corpo no deserto
revelado num grão de milho.

A FILOSOFIA DA BELEZA INEXATA DE UM PASSARINHO

Até agora, qualquer coisa suja
é um visto que avisto longe,
minhas pernas no mundo,
pedalando o ar
para alcançar meus sonhos.

Até agora, escrever ao contrário
para encontrar o cunho de conhecer primeiro
esse início injustificado de fins e meios...

Artista prega o presépio na parede
e firma a conduta pela filosofia de não se sabe onde nem quando...

Amor, amor incondicional!
Amor à carne que fenece ao homem
que fana triste como tijolo de casa vazia.

Até agora, meu Deus!

Até esse silvo de vento!
Esse canto solitário de assanhaço
escondendo seus segredos pela
liberdade das frestas desumanas do meu telhado.

Frestas de lacunas...

Imperfeitas obras que me permitem

a loucura bela e inexata
da minha sem-razão...

O CÔMODO DA CASA

No borralho do fogão
cinzas alçam voo ao teto
e incrustam, cedo, sua morte
de ebulir o café, assar o pão
e torrar o rapé negro
as paredes jazem cúmplices
esquecidas de porcelana
untadas de barro branco
a mulher sem seu tamanco
unge ao meio-dia com toucinho
torresmo frito, feijão
sob à mesa, de pés juntos
as pessoas que se completam
uma prece, um elo, silêncio
e adormecer sem adornos
outros que me são riquezas
sair pela chaminé azul
as nuvens da minha vida
gotas de mim, tempestade,
a voar acima do céu
atrás da parede, sina,
rede, casa de capim
um sonho arrebenta feito
pedra no peito, menino
feito cômodos da casa

PARA SER

A água que está em meus olhos se externa em tempestade.
Nunca mais vou visitar
o seco rio de um descampado,
mudo de vida, mas não meu coração.

Em cada orvalho mora mais abundância
que a beleza perecível do agora.
Nunca mais vou me esquecer
num raso riso aquém,
mudo de amor, mas não de morada.

A casa que construo é chão
A brasa incandescente
é direção em que termina
o tatear de uma procura
Infinda cinza de uma solidão

Em mim nada se desespera
Em meu hálito habito
mais fogo que a mítica devoção
de um dragão
a apaziguar meus campos de delírio

emendo minha vida para construir
retalhos do que me vou sendo:
uma memória nos olhos de alguém

Arrebol

ALZHEIMER

Seguir o mapa de um bilhete
que não desenhei
com minhas próprias letras
e reconhecer numa rua antiga
um presente imutável.
Eu vejo sempre a mesma fome
em seus olhos
e um desespero
de ensinar os primeiros passos
para não cair em tropeço
nos traquejos da minha juventude,
que agora jaz imune
ao amarelo de uma fotografia
pendurada na parede.
E meu espelho me apresenta
uma espécie de tutor
desconhecido
que não imaginei
me guiar pelo futuro.

Seguir o mapa de um bilhete...
que eu desenhei com a mesma fome
e um traquejo para
não cair em fotografia
na parede do espelho
de me guiar pelo futuro...

... seguir a mesma fome

de uma fotografia
no espelho
de um futuro...

... fome
... fotografia
... futuro

... futuro

...

AMARELO

Esse tempo que incendeia o espaço, parco espaço que
                                  [dissimulo
como casulo, paço de uma atmosfera real
que o momento fere, esfera que cumpre sua anatomia
num ritmo que me desenvolve por dentro.
Ele corre o seu ventre, descobre pelas entranhas
algo estranho, carrossel que me ganha
e lança-me pelas arestas vivas e que entorpece:
febre de um malandro com seus meandros de palhaço.
Ah, moça das noites afora, que o dia escolhe
para morrer seus lamentos, agora, tormentos
que colhem flores pela fresta aberta de um crepúsculo...
Ah rotina, istmo de alegria e tristeza
que leva embora, manhas e manhãs de tantos ais!
Com seus carnavais e cataventos,
com suas navalhas e pierrôs, pavios de velas
que o agora apagou com suas novelas,
desalentos de instantes: são tantos, são prantos,
quebrantos de aquarelas mortas.
Amarelo, seiva e descompostura
que, ao toque febril da terra, me costura e ara.
Amarelo, doce aurora que, ao arder do dia,
fenece como folha murcha ao sopro suave de outono.
Esse tempo que desenho é um agora
cheio de vento e areias espalhadas para construir castelos
pelas mãos pobres de um sonhador:
caçador de realidades que chega e vai embora.

AMARELO ABRIL

Pela noite febril,
perdido como cão sem dono,
aguardo os amarelos de abril
me receber com seus braços de outono...

O FIM DO MUNDO

Eu vi, esticadas, miúdas sob a textura
irremediável, opaca, amarela, que
grunhe pelas pontas dos meus dedos,
que resfria meu espírito
pela gastura do tato – do jornal em prantos –
as letras em frase perene,
com a notícia
do fim do mundo.

A banca, o banco, a praça...

A primeira onde abarcam os perdidos
que se alimentam da descoberta
do segredo de não estar só.

O segundo, o anfitrião onde guarda o repouso
do vivo, que é morto,
onde recolhe da noite solitária,
o morto, que é vivo
e abre o espírito episcopal da humanidade
onde tudo se pertence, se distancia.

A terceira é a gênese do mundo,
onde a vida se extrai de uma lembrança e de um fim.
Onde as ruas se encontram e se despedem
e crianças guardam o choro
e embalsamam um grito de alegria
pela relva macia e descuidada.

Um cachorro não toma ciência do fim
quando seu latido escolhe
assustar o silêncio,
nem quando mudo, grunhindo amarguras
de abandono e frio.
Um cachorro é órfão de gente,
de existência e finitude.

Mas sente a morte que se aproxima,
não a sua, mas a do seu algoz,
ou senhor – ou coisa alguma – ou tudo.

O mundo já acabou quando a flor
pendeu a última pétala pela avenida,
caiu silente pelo asfalto
com sua branquidão de paz,
com sua vermelhidão de dor,
com sua escassa tonalidade de azul.

A FLOR CINZA DOS TEMPOS

Eu vi, pelos varais do mundo,
pequenos embrulhos esticados,
cartões postais dos países
que erradicaram as fronteiras,

eu vi estandartes de muitas pátrias
estendidos à unidade do povo.

Queríamos jardins,
caminhamos pelas pedras, em vão,
da liberdade.

Hoje, morre o mundo com seu rancor,
o mundo que extrai da vida
a porcelana de um sorriso, que é só dente,
mas que não sabe da fotografia
de um regato descendo a colina,
o mundo vestindo sua máscara de gente,
a roupa que segreda do corpo
o vento que é gratuito,
os pés que se escondem do chão
que um dia será abrigo e fim...

Hoje, o fim mesmo é só recurso
para vender jornal
e o fim morto e posto – onde degredo,
ao acordar cedo para a razão
e chegar tarde para repousar

meu verde brio
no travesseiro de um sonho.

DECOMPOR

Semeia o sêmen e prega entre as aspas da origem
o caminho nômade onde galgará
a argila cheia da desidratação de um tempo.
Sente como um espinho que perfura o dedo
e espalha sua virgindade pela umidade
da água que jorra em abundância na solidão de uma pia.
Eu trago os restos de um bagaço
que se acomoda destilado no fundo de um copo,
eu trago a enfisema que se resgatou
de ontem da verdura de uma planta.
A que mascava o delírio de um índio,
que soprava epifanias pela boca de um cidadão de gravata.
Atrele-se em compromisso comigo,
dilate-se ao estado de nada e chegue
onipresente pelo viés de um teclado digital
às janelas e portas do mundo.
Sente-se! Oh Margarida!
Convida-me a usufruir a vida com o que tem de melhor.
Há lacunas em minha palavra,
há dissertações que desconheço
sem descobrir o valor que se perdeu pela página de um livro.
Poente que se faz diluir na íris delgada da minha tarde
e arrasta pássaros pelo côncavo do céu espalhando sua leveza
na miopia dos meus olhos
sumindo como as migalhas que roubou de algum telhado.
Eu moro mais a rua que o cômodo
estado de quarto dos casais.
Cama espalhada na pele da calçada,

a vida calcinada como um mármore
revestindo a paisagem com os corpos de gente.
Eu moro seu versículo espalhado por seu rosto
a tapar o sol que irradia invadindo
sua manhã.
Eu moro a decomposição da palavra
que vem significar a dor mais que nomear o êxito.
Eu moro viver sem lucidez alguma,
apenas me encarcerar pelo lúdico
que navega nos tropeços de uma criança.
Tatear o vento, morrer de tétano,
ser um fermento que vai multiplicar os pães
que serão digeridos pela acidez da minha fome.

Pra lá desse quintal

REFERÊNCIA

Anda por aí com a cabeça
baixa e aguarda por breve aceno,
o riso alheio vestindo túnica.
Aguarda selo de importância.

Verifica apenas matéria
morta arrastando toda sobra...
Sua sobra de humanidade.
Todo desejo é um castigo.

Nenhum lírio se veste abrupto
com o esplendor do céu sem sol.
Ainda espera muito de fora,
espera encontrar o segredo

que se oculta num chão de giz.
Mas nada há além do que integra
apenas o que lhe pertence...
Apenas o que, livro branco,

desenha com o marfim lúcido
que se lhe apresenta capaz,
infinito, leve, indelével:
com o que escreve de si mesmo.

VIVER SEM LIMITE

Há um convite para entrar
no lugar que não me pertence
desde que cedo sou outro alguém
essa masmorra de pretérito
subir o céu de elevador
desde que a flor não seja plástico
para compor nosso jardim
e o copo no alcance da mão
que ainda me resta tatear, súbito
os olhos no chão com alambrado
me cuidar de não cair inóspito
onde nada pode servir
um carro, farol para daltônico
ser taxista e piloto de avião
sem que doa, viver sem limite
pintar um grafite de azul
no céu palato de sua boca
e introduzir estrelas verdes
na constelação dessa gente
que a vida deu de presente
que me valida nessa frente
que ainda se sinta importante
que não seja um tipo ausente
a qualquer hora zero instante
a porta sempre aberta a sair
ou entrar, sem que deem por mim

REGISTRO GERAL

Procuro uma identidade perfeita de mim,
limpa e aparada, como recorte de capa,
como citação de me apoiar em caráter
e prescrever o cotidiano
com traços que rabisquei num verso.

Procuro... Mas me encontro em personagens,
caricaturas reais do entardecer:

a mulher parindo a manhã
com as mãos esticando a roupa no varal,
o suicídio nascendo pelas mãos
do homem que não respondeu: bom dia!

Crianças, crianças, crianças!

Essa irremediável poesia pulando no chão,
correndo, dando gargalhadas,
pisoteando a calçada em protesto
para colher as amoras da primavera.

Essas palavras que saltam do livro
da infância e vem tecer o verbo:
poetar.

Procuro no terço a sétima oração
e na cordilheira dos meus anseios

vejo, ouço, sinto e esmoreço-me.

Não há mais o bule, a janela
fechada em taramelas, as alpercatas
de mil e uma utilidades,
o bosque de vagalumes...

Mas ficou em mim aquele bonde
de especular nos dicionários
o significado de me ser em palavras.

Traduza-me sem sinonímia,
como pedra apenas,
ou centelha de sobreaviso de explodir
e me revelar em mil faces,
sobrenaturais, eternas, imagens
desfiguradas que configuram
as chagas que não curam
de um coração que descobre,
no desamor, os outros
que eu ainda devo amar.

Outros eus partidos, esquecidos
no pretérito de hoje,
deixados às margens para construir
o cânion de um leito de rio
que termina no horizonte de um oceano.

Procura-me, e encontra-me
nesse seu silêncio, ó mundo!
Onde não há muros, nem murmúrios.

Procura-me, e encontra-me
na aurora de sangues derramados,
nos gritos, nos grilos, no púlpito das verdades
de revelar cirandas
e confessar o segredo que as cigarras
escondem atrás das árvores.

QUANDO SAIO À RUA

Quando saio à rua, tudo me pertence
o prédio e sua nudez de sacada
e o brilho reluzente dos carros de luxo
o fluxo por onde transito
quando saio à rua, todo silêncio me acolhe
e recebo a unção de um pombo
arrulhando a epifania de meus passos
toda tragédia me pertence
o silvo gris do vento
o tolhimento, a crista da igreja
nenhum costume a se individualizar dentro de mim
de fora para dentro
da porta à saída
o poste a adestrar os limites da calçada
onde dormem invisíveis
os donos do chão
quando saio à rua,
é uma forma de solidão
que não preenche
a hora do retorno
o seu inverso dói sólidos
cubos de água em meu coração

UM BEIJO NA PAREDE

Sair à rua não basta,
não basta um chão coberto de cimento,
uma avenida vestida de luto,
um petróleo como bálsamo do cotidiano.
Não basta atravessar a ponte
nem um pulo suicida no rio que já está morto.
A morte não redime a dor.
Sair ao sótão, escalar o abismo e a escuridão
tateando respostas no silêncio
não suprem um coração em pedaços.
Há planícies aguardando que o perigo
não ronde.
Há calçadas se aquecendo de corpos esquecidos.
Ouvir a voz do vento não basta,
não basta um tapa no invisível.
Não tenho a espátula para raspar a carne dos ossos,
livrá-los da prisão do anonimato.
Não basta saber que tudo é uma extensão de mim
para além do que conheço do tempo
e do espaço.
Há estrelas no céu, assim como pombos arrulham
famintos nas praças
a colher migalhas.
Há meu coração explodindo milhares de vozes
num formigueiro famigerado de gente.
E esse grito não atravessa a película
de um tato, não penetra na bolha incolor de uma lágrima
para fazer com que eu saia de dentro de mim.

Meu transporte é um teclado digital
e meu destino é a palavra que escrevo
quase sempre para fugir dos trilhos
que me fazem mais duro que o ferro corrosivo
de uma composição de trem.

AS PORTAS DO DIA

Abra sua janela
veja diante da manhã
aspectos de um novo dia
há vistas ao sol
e empregar a força
necessária, abrir um riso
sair do cômodo em pujança
abra infinito
a olhar a luz da favela
sua faculdade de becos
bêbados, botecos
e crianças na rua
com seus cães de brinquedo
a ladrar sua arte suja
escancare a porta
avise um vizinho esperto
que atente por sua presença
um filho seu chora
a dor de um arsênio
na madrugada sem leite
nessa fome de inocência
escangalhe ossos
num estalar de dedos públicos
e trate seu dia de sótão
cultive sotaques
não aprisione pombas
pra limpar a paz de branco
pratique mais arco íris

O FREGUÊS

Um cão ladra a rua, ou a sombra de qualquer gato fortuito,
                              [ladra para emancipação
da noite aos olhos da coruja.
Um bêbado
traz consigo o rastreio da lua
e a alcova na luz de um lampião
tracejando
no meio fio
o fio da meada, o calendário, a sorte insólita,
seus odores de meretriz,
sua seiva de amores
a doce fragrância
despojada de pudor.
Aos quartos sombrios,
à vigilância da parede
com seu reboco minguante
de trato,
a mão de pigmento
desenhada num tijolo
e a fotografia de um prazer
tatuada no corredor
registrando a véspera.
Antes da manhã
romper sua virgindade,
escorre orvalhos na madrugada
e as criaturas fazem
sarau sob a luz de estrelas,
um farfalhar de folhas

aludindo a hora
na voz
de um passarinho – É hora de quem morre acordar.

DO IMPROVISO

Para quem está na rua
a poesia chora e se firma
derrama a verdade crua
que revela toda cisma

o medo, a falta de salário
vem à tona o riso do bruto
o desafio é vocabulário
sob o teto desse viaduto

é a poesia que liberta
o hip hop, a rima como faca
que corta, eis a minha oferta
de arte, que fixa como estaca...

AGENDA

Na face de um livro, guardas, inoperante,
a aresta que sobrou do dia – agora findo –
das notícias compiladas
para viveres mais.

Ruas e subterfúgio
e a fotografia fora de hora
para pescar a vida triz num átimo de tempo.

E revelar gris, o lamento,
e desenhar com giz o vento que sopra
os cabelos da solidão remediada com demora.

Prosa e verso, peço culpa pelas desculpas malfeitas
por condenar o horizonte
com horas de desperdício e zelo.

Trazes, em rascunho, o fio teso, a verdade
que se revela em mimetismo e graça:
praça de anunciar futuro,
lápide de embalsamar presente.

SEM ENDEREÇO

Um caminho torna-se longo,
obsoleto – com sua tendência
para o nada, no duro alcance
de olhos desavisados e úmidos.

Haverá um homem contemplando
sonhos com os cabelos áureos
enviesados num travesseiro
de chão, no luzir de setembro.

Uma banca de jornais, livre
da alforria de um desempregado,
adormecendo suas notícias:
não há mais vagas nesse tempo.

Enquanto as pernas perdem força
e perdoam o esmo de um trajeto,
o amor nasce frio numa esquina
azulejada de um cão amigo.

Um caminho torna-se longo
sem que não haja brancos lírios
desacatando suas cortinas:
alguém habita não chegar.

Pra ser sincero

DADOS BIOGRÁFICOS

Minha biografia corre solta
pela geografia anatômica
dos meus dias,
espalhada entre versos
que arremesso pelo cotidiano…
Não há livro voando
pelas asas editoriais
de uma borboleta,
apenas o que se inscreve
e se perde no mesmo instante
de um poema…

TAMBOR (MILTON NASCIMENTO) DE MINAS GERAIS

Tambor de Minas Gerais
que alcança zunindo no tempo,
fuzila o lamento: é o trem, é o trem de tantos ais.
Me lança pelas esquinas, inventos de cordas vocais.
É o Milton, rubro no nome,
negro com fome de fole, sanfona, acorde
de sinfonia harmônica,
morde a sílaba, aprisiona o som que comunica
com a alma e liberta o corpo
para falar o que a boca esconde na timidez.
Dedos tecendo a prece,
Apresse a oração, meu filho!
Que eu jogo milho no terreiro para saciar
a agrura, cio de desventura,
lambuzar a mão com fruta madura
de colher quintal com violão...
Que esquenta a fogueira,
moendo a cana e ofertando um dízimo
para dizer a Deus que não é santo,
nem triste, apenas conserva
um traço sagrado de ser Nascimento.
- E Rio, rio de amar o mar que ficou para trás
e que o esconde agora atrás das montanhas
nos traços de Minas Gerais.

PRIMEIRO DE RIO DE JANEIRO

Em meio ao ar que respiro,
resquícios de pólvora de um tiro
que partiu a paz
de gente que faz
mais que sobreviver
na guerra armada
de controle de riqueza ilegal
perdida no nada
suburbano da cidade.

POEMA CUJO (A FERREIRA GULLAR)

Os poetas morrem
de carne e de ferro
morrem numa estrada
sangrenta
de rastro e de vento
um pé de cimento
num quarto pré-histórico
a levantar voos
pelo poema sujo de barro
de fotografia amarela
de casas amarelas
deixando para trás
um sorriso amarelo
resvalando na gente
quase que num acontecimento
Morrem os poetas
de fogo e de brasa
deixando suas cinzas
impressas em papiro de couro
cujo ouro
é feito de carne e palavras.

POEMA A FEDERICO GARCÍA LORCA

A ditadura, com fermento de sangue,
Impunha em Lorca
o brado de sua voz
que não dormiu no silêncio de uma vala:
o chumbo intolerante de Franco
não extermina a grandeza de um poeta.
"Por vozes de aço agudo perseguido"
um grito perpétuo de ser livre
longe do chão de vísceras podres,
além do muro invisível,
jaz soberana, a beleza
que não se dilacera no tempo...

GUERRA FRIA

Eis que, sob o teto do outono,
rubro horizonte alcantila,
lado a lado – feito alfândega
no feriado, a morte fingida

de andorinhas com asas presas
na graxa negra de um petróleo,
ao limite tardio do céu,
debatendo a existência alada.

E mil almas almiscaradas,
odoríficas vezes – férteis,
exalam o cheiro do chão
de Lázaros corpos feridos.

Na guerra dura e inverossímil,
entre o látego e o látex público,
escorrem as amoras da vida
vigilantes, líquidas, plásticas.

E escondendo por trás dos montes,
um sol tímido e vacilante
carrega o último dos estágios
de um ciclo que não volta mais.

BRUTA FLOR DO QUERER

Ser pai me trouxe a desconhecida dor
de quem ama
como o amanhã não houvesse...
Amor por desinteresse,
dor por inexatidão da medida
que se desconhece por amar além.
Ser pai me fez nascer
como não havia jamais nascido.
Pai não amanhece,
apetece
o que na vida não se tece.
Se mãe é uma prece,
pai se desfloresce
o que em bruta flor
já em seu coração cresce...

AUTO POEMA

Eu gosto de ler os poetas mortos,
que inauguram a palavra
antes e depois do crepúsculo.

Gosto de ler os poetas ainda vivos
que passeiam pela morte
como colher um botão
de tulipa na fria beleza
do inverno.

Gosto ao que tudo fana e perece
como vela acesa em prece

nas procissões de silêncio
pelas ruas do Vaticano.

Gosto da euforia guardada
em mil anos
e liberta no carnaval
sob a proteção dos orixás
debaixo de um viaduto,
da Torre Eifell
ou dos Arcos da Lapa.

Um anjo caminha tropego
pela calçada, com sua costa
rasgada com um buraco negro
engolindo a realidade

como fantástica fábrica de fazer gente e solidão.

Esse grito camuflado de multidão
sumindo à primeira hipótese
de se esconder num microfone
anunciando a próxima ordem
do mundo.

Gosto de agosto quando precede
a primavera,
e de dezembros amarelos
num despertar para o intermitente.

Poetas morrem e acordam todos os dias
protegidos pelo anonimato
que uma palavra, um verso,
uma estrofe,
não podem revelar.

Por isso morro
e renasço e pelo acaso
jazo na poeira
de um livro posto.

PROCURA PELO POEMA

Procura -se um poema novato
alforriado, inexato, público.
Procura -se sem... Qual receita?
Louvada no tempo não lembre

nostálgicas odes e brumas
ressarcindo a leveza branca
e tardia comum das gaivotas.
Procura níquel sem valor,

uma nota crua sem prefácio
atestando seu estado pedra
em que não mais se lapida.
Procura-se um poema sem voz

que não atenda a todo clamor
de tristeza, de alumbramento.
Que saia pela avenida nu,
descalço, inventando estatuto

que vigora num interlúdio.
Giz súbito onomatopeico
em sua ranhura de palavra
ao som, à cor, amalgamada.

POEMA CEGO

Velhos olhos
a enxergar no glossário da noite
a escuridão.

Amplamente apertados
comprimindo o espaço em volta
a caber na sua miopia

que, perdidos,
sempre encontram a quem
pede atenção.

ÓCULOS

Nunca é tudo o que não foi,
sendo. É a extremidade
que não se atinge.

Nunca, são hastes
que sustentam minha credulidade,
que regeneram do breu
a fotossíntese
de tocar palavras com os olhos.

De vagão em vagão,
polissílabos de imagem
de revelar trem,
trilhos que sustentam,
sem destino,
a viagem onde
nem minha vista alcança.

Miúdas constelações
acesas pela
cortina de vidro que se abre
quando pendurada na
janela dos meus olhos.

ADORMECER POEMA

Abriu a palma da mão como um perdão
pelo anúncio,
pede - leva embora a graça.

Aqui, irremediavelmente noturna, a solidão dissolvida
em soluços, solavancos
excursionando
a parede, tateando
palavras que escorrem
fugindo à míngua.

A mercê dos porões
que escravizam
as memórias, arrancam-nas
da cabeça de minhocas
e esfregam em papiros
as soluções de envernizar a dor.

Para o sofrer resta a desidratação de um copo
vazio.

VIA CRUCIS

Trago ao poema
senão o absinto,
a liberdade intrusa
a prender os olhos
na labareda de um trigal.

Trago, à espreita
de quem vive alheio
e dorme cedo os vícios,
cotidianos.

Homens ladrando cães
e etc...

Reticentes como um por do sol.

Ao verso a versão de uma
prosa
sob o abandono de uma rosa
e o aleitamento materno
de uma via crucis.

Não se engane:
não há cura
que engasgue uma garganta
numa espinha dorsal
de um poema.

Reconheço apenas o que
não desejo mostrar.

Trago minha mão estendida
em cumprimento à ternura
e concebo palavras
com o que seus olhos
deixou escapar.

Trago pontes
e rios elevados à condição
de oceanos.

DE SAPATO

Eu me distribuo em caco
meu alvo sapato
brilhando num beco opaco
em que sou feliz de fato
eu pulo como um belo pato
meu rastro feito de macaco

na árvore voraz
de amanhã cedo
velocidade e paz
de viver sem medo

pouca vogal revoga a voz
de touca e sal, de toga em nós
cabeça restitui juiz
que o corpo despe
desesperadamente
pauta feita em giz
em que separa da mente
o risco, a rua, espelho
d'água que respeita
o resto no mesmo cesto
o esmo do seu incesto

a cal, consoante, carcome
diamante que risca a fome
da amante deitada na cama
no colo do homem que também ama

para que paralama?
e destruir o tempo
que nos aproxima
escondido nessa pobre rima
que o amor se foi
como uma breve fama
de um refrão de boi

que muge no catavento
quem se referiu por dentro
contando a história
de que fora jogado fora

de que sente falta de quem mora
de um afago de quem namora
de que guarda o abraço de quem vai embora
e seca a lágrima de quem chora

porque de dentro é o vaso
que germina a flor
que sorri como orquestra
que flui como palavra
solta e livre na palestra
e retorno pelo acaso
restituindo o amor
que uma certidão lavra
pelo peso de cada destra

em que vai estar no céu
a ordem e a moral
em que acorda o casal

numa junção de metal
de transparência e véu
e num abraço letal
viver pra sempre em lua de mel

sujeito mal feito suspeito
se equilibrando sem jeito
no arco da lapa
na rua da quitanda
na quinta da Baviera
recebendo um tapa
de quem não manda
flor de primavera

quem me dera
ser a sol de uma
nova era
me canso do verso
pois nele confesso
a minha espera

e a estrada que me alcança
deixa para trás
o gole seco, a esperança
o rastro de quem me faz
o passo de quem me dança

poesia me justifica
na falta de talento
para outra arte qualquer
na falta de jeito com mulher

que em mim fica
desenhando torto
para não cair morto
em desalento

poesia é fim
antes de dizer sim
antes de ser assim
um tormento

embora feita de vento
vestida em cetim
dormindo na realidade
de um cimento
ou na beleza de um jasmim

no cinza da cidade,
no delírio de um jardim
que abandona o lírio
na solidão de uma praça
e vem me encher de graça
me desfazer na brasa
que agora jaz em cinza
voando sem ter asa
eu casmurro ou ranzinza

com licença! que eu passo
como nuvem ou chuva rasa
que escreve cheiro de poeira

no espaço

entre o vão da cadeira
e o peso do aço

de escrever sem eira
pela beira de mim

PEQUENA AMOSTRA

Ao olhar para cima vejo um infinito de estrelas e, abaixo delas,
nuvens espaçadas e cores voando
e vindo pousar nos galhos das árvores.
Há olhos cegos que não veem
que a pérola nasce dos dejetos
e flor de lótus nasce do lodo.
Há olhos que acordam para a vida, para a beleza como
pequenas flores de capim que são grandiosas aos olhos dos
pássaros.
A vida pode ser azul, amarela, de todas as cores, ou apenas
cinza. Há um colírio para cada pessoa assim como colibris
que buscam um jardim em qualquer canto da cidade. Olhar
para o horizonte e ver apenas prédios cortando a cidade é um
defeito, não dos olhos, mas do coração e, quem sabe, da alma.
Ser feliz é mais simples que um sorriso de criança.

EU GOSTO DE RÉPTEIS

Não há nenhuma ternura
em répteis,
mas gosto-os como
a quem de gatos
ou cães e peixes de aquário.

Não há leveza,
nem fofura de comportamento.

Sua carapuça pesada,
seu rastejar sôfrego
e a cisma de sua aparência
se assemelha em muito
com o que me admira
dos que vivem, coisas e gente,
na marginalidade.

É no feio que me reconheço
belo.

Agradecimentos

Agradeço a toda minha família, meu cerne e que me norteou até aqui. Aos amigos, em especial à Irmã Ângela Mary e ao Luís Carlos dos Santos, que, quando em minha juventude eu não sabia qual caminho seguir, me ajudaram a encontrar o mapa para tornar-me quem sou hoje. Agradeço à minha amiga e querida professora do curso de Letras Isabel de Andrade Moliterno, a primeira leitora e crítica de muitos desses poemas, e ao Laércio, pela amizade sincera e pelas considerações sobre esta obra, que estão no prefácio do livro. Ao meu amigo e parceiro de poesia Adenildo Lima, que sempre indica oportunidades de publicação, vai também o meu muito obrigado.

ÍNDICE

Prefácio / L. S. Bandeira 11

Caderno de brochura
    Minha escola 17
    Dessa infância 18
    Para ser feliz 19
    A pedra e o martelo 20
    Carro e céu 21
    Ao dia 22
    Medo 23

No ninho
    Do amor que eu sinto 27
    Café da manhã 29
    Para não esquecer 30
    Hoje 31
    Exílio 32
    A filosofia da beleza inexata de um passarinho 33
    O cômodo da casa 35
    Para ser 36

Arrebol
    Alzheimer 39
    Amarelo 41
    Amarelo Abril 42
    O fim do mundo 43
    A flor cinza dos tempos 45
    Decompor 47

Pra lá desse quintal
- Referência 51
- Viver sem limite 52
- Registro Geral 53
- Quando saio à rua 56
- Um beijo na parede 57
- As portas do dia 59
- O freguês 60
- Do improviso 62
- Agenda 63
- Sem endereço 64

Pra ser sincero
- Dados biográficos 67
- Tambor (Milton Nascimento) de Minas Gerais 68
- Primeiro de Rio de Janeiro 69
- Poema cujo (a Ferreira Gullar) 70
- Poema a Federico García Lorca 71
- Guerra Fria 72
- Bruta flor do querer 73
- Auto poema 74
- Procura pelo poema 76
- Poema cego 77
- Óculos 78
- Adormecer poema 79
- Via crucis 80
- De sapato 82
- Pequena amostra 87
- Eu gosto de répteis 88

COLEÇÃO POESIA ORIGINAL

Quadripartida	PATRÍCIA PINHEIRO
couraça	DIRCEU VILLA
Casca fina Casca grossa	LILIAN ESCOREL
Cartografia do abismo	RONALDO CAGIANO
Tangente do cobre	ALEXANDRE PILATI
Acontece no corpo	DANIELA ATHUIL
Quadripartida (2ª ed.)	PATRÍCIA PINHEIRO
na carcaça da cigarra	TATIANA ESKENAZI
asfalto	DIANA JUNKES
Na extrema curva	JOSÉ EDUARDO MENDONÇA
ciência nova	DIRCEU VILLA
eu falo	ALICE QUEIROZ
sob o sono dos séculos	MÁRCIO KETNER SGUASSÁBIA
Travessia por	FADUL M.
Tópicos para colóquios íntimos	SIDNEI XAVIER DOS SANTOS
pode ser um buraco no teto	CAMILA PAIXÃO
A casa mais alta do teu coração	CLARISSA MACEDO

© 2022 Márcio Ahimsa
Todos os direitos desta edição reservados à Laranja Original.

www.laranjaoriginal.com.br

Edição   Filipe Moreau
Projeto gráfico   Marcelo Girard
Produção executiva Bruna Lima
Diagramação   IMG3

Dados Internacionais de Catalogação na Publicação (CIP)
(Câmara Brasileira do Livro, SP, Brasil)

Ahimsa, Márcio
    Caminhos de argila / Márcio Ahimsa. -- 1. ed. --
São Paulo : Laranja Original, 2022. --
(Coleção poesia original)

    ISBN 978-65-86042-50-4

    1. Poesia brasileira I. Título. II. Série.

22-124594   CDD-B869.1

Índices para catálogo sistemático:
1. Poesia : Literatura brasileira B869.1
Cibele Maria Dias - Bibliotecária - CRB-8/9427

Laranja Original Editora e Produtora Eireli
Rua Capote Valente, 1198
05409-003 São Paulo SP
Tel. 11 3062-3040
contato@laranjaoriginal.com.br

Papel Pólen Bold 90 g/m² / *Impressão* Psi 7/Book7 / *Tiragem* 200 exemplares